# Diseño de Bases de Datos

## Un enfoque práctico

Sergio Garrido Barrientos

A tod@s los que os interesáis por el mundo del modelado de la información y las bases de datos, ya que es una de las partes más importantes en el desarrollo de software.

# CONTENIDO

Qué es el modelado de datos............................1

El modelo Entidad – Relación.........................2

    Entidades.................................................3

    Atributos................................................4

    Relaciones ............................................4

    Tipos de entidades ...................................6

    Elección de claves..................................7

    Relaciones .........................................11

    Otros tipos de relaciones..........................15

    Cardinalidades......................................19

    Relaciones con atributos ..........................20

    Relaciones de herencia (ISA) ......................23

    Otras notaciones ..................................24

Transformación del Entidad - Relación al Relacional .....25

Conceptos importantes del Modelo Relacional .........26

Transformación de las relaciones 1 a 1 ......................27

Transformación de las relaciones 1 a N.....................30

Transformación de las relaciones N a M ...................32

Transformación de otros tipos de relaciones............34

Caso práctico .................................................................41

# SOBRE EL AUTOR...

Sergio Garrido Barrientos es Ingeniero en Informática por la Universidad de Salamanca y actualmente trabaja ejerciendo como Director de Área en una empresa de desarrollo de Software. Gran aficionado a la lectura y a la escritura, cuenta ya con varios libros publicados en el  portal de Amazon centrándose en temáticas tan distintas como la informática y los idiomas. Su afición e interés por la enseñanza le ha llevado a escribir este y otros libros que son "manuales sencillos para aprender a hacer cosas complejas".

Este libro que tienes entre manos ha sido elegido como bibliografía en la carrera de Ingeniería de Minas de la Universidad Autónoma de México debido a su sencillez a la hora de explicar un tema tan complejo como el diseño de una base de datos.

Te invito a conocer otros de mis libros que sin duda podrán ayudarte igual que lo hará este.

**SQL para sobrevivir**
Una vez que aprendes a diseñar una base de datos lo siguiente será explotar su información obteniendo los datos que necesites. Este libro, con más de 100 ejercicios y ejemplos, te ayudará con sus explicaciones sencillas y sin rodeos.

**Scratch para niños... Y no tan niños: Aprende a pensar de forma creativa**
¿Te gustaría que tu hijo, sobrino, amigo o familiar aprendiese a programar?
¡No te pierdas Scratch! Programación basada en bloques a partir de los 7 años.
**Libro más vendido en Amazon**

# QUÉ ES EL MODELADO DE DATOS

Se trata de representar de forma esquemática y mediante unos diagramas estándar un hecho, acontecimiento o situación. Es importante conocer el contexto y las restricciones. Cuanta más información tengamos será más fácil realizar el modelado. Es importante separar la información importante y válida de aquella que aporta detalles innecesarios y sin relevancia.

Después de la toma de requisitos es una de las partes clave en la Ingeniería del Software

# EL MODELO ENTIDAD – RELACIÓN

Se trata de una técnica de análisis basada en la identificación de las entidades y de las relaciones que se dan entre ellas en la parte de realidad que pretendemos modelar.

Se representan, de forma abstracta, los datos que se pretende almacenar en la Base de Datos. Dispone de tres elementos principales que citamos a continuación e iremos describiendo en los siguientes epígrafes.

- Entidades

- Atributos

- Relaciones

# Entidades

Con una entidad podremos modelar los objetos, reales o abstractos, distinguibles entre otros objetos. Pueden ser abstractas o concretas. Una entidad concreta podría ser un libro, un automóvil o una estantería, aquello que podemos "tocar". Por el contrario, una entidad abstracta puede ser un préstamo, una aplicación informática, ...

En un documento de especificación de requisitos suelen estar representados por sustantivos y muchos de ellos tendrán características o atributos.

Las representaremos con un rectángulo que llevará en su interior el nombre de la entidad.

*Ejemplo: Se tienen unos* trazados *por los que podrán circular una serie de* trenes

## Atributos

Los atributos serán propiedades descriptivas asociadas a una o a un conjunto de entidades.

Denominamos dominio de un atributo al conjunto de valores posibles y permitidos que puede tener.

Los representaremos con un óvalo unido a su entidad que llevará el nombre en su interior. A veces, cuando hay muchos atributos, este modo de representación es algo incómodo ya que genera diagramas muy grandes, en esos casos podemos optar por listar los atributos aparte dejando el diagrama más "ligero" y fácil de entender, únicamente con entidades y relaciones.

*Ejemplo: El tren tendrá un <u>peso</u> medido en toneladas.*

## Relaciones

Las relaciones serán aquellas conexiones entre dos o más

entidades.

En el lenguaje textual las reconoceremos porque normalmente son verbos.

Las representaremos mediante flechas que unen las entidades, las flechas pueden ser simples, dobles y tener adornos como la cardinalidad que ya veremos más adelante.

*Ejemplo: Los trenes* circularán *por unos determinados trazados.*

**Ejemplo: Dado el siguiente enunciado, identifique entidades, atributos y relaciones.**

Se tienen unos trazados por los que podrán circular una serie de trenes. El tren tendrá un peso medido en toneladas. Los trenes circularán por unos determinados trazados.

**Entidades**: trazados, trenes

**Atributos**: peso (trenes)

**Relaciones**: circular

Ahora veamos cómo quedaría un diagrama para este enunciado tan sencillo.

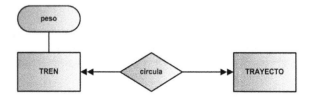

# Tipos de entidades

- Fuertes o regulares

  Aquellas que no dependen de la existencia de otra entidad

- Débiles

  Dependen de la existencia de otra entidad, si desaparece la relación con la otra entidad dejarán de existir.

**Ejemplo:**

En el siguiente diagrama representamos que existen unos préstamos que generan unos pagos, como podemos observar, no habrá pagos si no hubiera préstamos, de ahí que la entidad "Pagos" sea débil y no exista sin desaparecer esa relación.

# Elección de claves

Uno de los pasos importantes a la hora de realizar un modelo entidad-relación es saber elegir la clave que tendrá cada una de las entidades. Una clave es aquel atributo que permite identificar de forma unívoca a una entidad. Por ejemplo, si estamos hablando de ciudadanos españoles podríamos usar su número de identidad como clave.

Hay casos en los que la elección de clave no es trivial, supongamos que tenemos que modelar una base de datos donde almacenaremos datos de todas las personas que existen en el mundo, no podríamos usar el DNI como en el caso anterior puesto que sólo sería válido para ciudadanos españoles. Para estos casos podremos crear un nuevo atributo que sea un número, por ejemplo, y que identifique a cada uno de los integrantes de la entidad.

Veamos algunas definiciones importantes:

- Súper clave: Se trata del conjunto de atributos que permite identificar unívocamente a una entidad dentro de un conjunto de entidades.

- Clave candidata: súper clave con un número mínimo de atributos

- Clave primaria: clave candidata elegida para identificar unívocamente a las distintas entidades de un tipo.

- Clave alternativa: clave candidata no elegida

Con el siguiente ejemplo quedará más claro

**Ejemplo:**

Tenemos que representar una serie de libros. Identificar súper claves, claves candidatas y clave primaria. Sus atributos serán los siguientes (algunos que tienen opciones)

- Título

- ISBN

- Autor

- Tipo de portada (color, blanco y negro)

- Número de páginas

- Tipo de papel (satinado, ecológico, reciclado)

Empezaremos viendo qué conjunto de atributos nos definen una súper clave.

- Súper clave 1: {Título, ISBN, Autor, Tipo de portada, Número de páginas, Tipo de papel}. Claramente eligiendo todos tendremos una súper clave que identificará unívocamente a un libro.

- Súper clave 2: {Título, ISBN}. Es otro ejemplo válido de súper clave, en este caso hemos elegido sólo dos atributos.

Llegados a este punto nos damos cuenta que se pueden encontrar varias súper claves según combinemos los atributos.

- Súper clave 3: {Tipo de portada, número de páginas}. **¡Esta súper clave no sería válida!** Con el tipo de portada (color, blanco y negro) y el número de páginas no podríamos identificar a un único libro, puede haber más de uno que coincidan en esas dos claves.

- Súper clave 4: {ISBN}

- Clave candidata: {ISBN}

- Clave primaria: {ISBN}

Finalmente elegimos como clave el ISBN que sabemos que es el código para identificar cada libro, en este caso sería la única clave primaria válida.

# Relaciones

Vamos a ver los distintos tipos de relaciones que podemos tener entre dos entidades.

- Relación 1 a 1

  En este caso una entidad A se relacionará únicamente con una entidad B.

- Relación 1 a N

  Una entidad A se relacionará con cero o más entidades de B. Si se relaciona con 0 (como mínimo) la definiremos como participación opcional, si es con uno o más hablaremos de participación obligatoria.

- Relación N a M

  Una entidad A se puede relacionar con cero o muchas entidades de B y viceversa.

A continuación vamos a ver ejemplos para estos tipos de relaciones.

**Ejemplos: crear el diagrama entidad-relación para los siguientes enunciados**

Cada equipo tendrá un único presidente.

Un equipo tendrá varios jugadores.

Un libro estará escrito por uno o varios autores

¿Cómo podemos saber en los casos anteriores qué tipo de relaciones tenemos que poner?

Es realmente sencillo, simplemente nos tendremos que preguntar cuántos de una entidad se relacionan con cuántos de la otra. Vamos a verlo:

Caso 1: Cada equipo tendrá un único presidente.

¿Cuántos presidentes tendrá un equipo? Uno.

¿Cuántos equipos tendrán a un presidente? Uno (suponemos que un presidente sólo puede estar en un equipo).

Por tanto es una relación uno a uno (1:1). La marcamos con una flecha en cada extremo.

Caso 2: Un equipo tendrá varios jugadores.

¿Cuántos jugadores tendrá un equipo? Muchos.

¿En cuántos equipos jugará un jugador? Uno.

Es por ello una relación 1 a N (1:N). Pondremos una punta de flecha en el lado del equipo (1) y dos puntas de flecha en el lado del jugador (N).

Caso 3: Un libro estará escrito por uno o varios autores

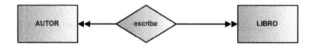

¿Cuántos libros puede escribir un autor? Muchos.

¿Cuántos autores pueden escribir un libro? Muchos.

Pondremos dos puntas de flecha en cada entidad por ser N a M (N:M).

**Importante:** Según los detalles que se den en los enunciados o la manera de explicar un caso particular estas relaciones podrían cambiar. Por ejemplo, si en el caso 1 decimos que un presidente puede dirigir varios equipos ya sería un caso de 1 a N. Y si añadimos que un equipo puede tener varios presidentes tendríamos un caso de N a M. Por esto es muy importante tener muy claro el enunciado y sus entidades y relaciones.

## Otros tipos de relaciones

Existen otros tipos de relaciones algo más especiales o extrañas a primera vista pero no por ello menos importantes o utilizadas.

- Involutivas o reflexivas

    En este tipo de relaciones una entidad se relaciona consigo misma. Un ejemplo podría ser la relación de matrimonio. Veamos el diagrama:

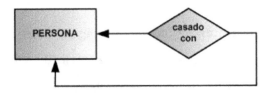

Tenemos una única entidad, "Persona" que se relaciona consigo misma de forma 1 a 1. Es decir, una persona se casa con una persona. Si en nuestro supuesto hablásemos de una sociedad poligámica la relación sería 1 a N.

- N-arias

Son aquellas relaciones que involucran a más de dos entidades. Veamos un ejemplo.

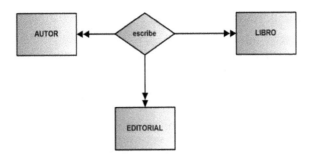

El supuesto anterior se podría definir así:

Se debe representar el modelo para unas editoriales que trabajan con varios autores que han escrito algunos libros. Para calcular las cardinalidades lo iremos separando por grupos de dos.

**Ejemplo: Calcular la cardinalidad para la relación del supuesto anterior.**

Relación Editorial – Autor

¿Una editorial tiene varios autores? Sí.

¿Un autor trabaja para varias editoriales? Sí.

Por tanto, para la relación Editorial – Autor tendríamos una N a M

Relación Autor – Libro

¿Un autor escribe varios libros? Sí.

¿Un libro puede estar escrito por varios autores? Sí.

La relación Autor – Libro también sería N a M

Relación Editorial – Libro

¿Una editorial posee/edita varios libros? Sí.

¿Un libro puede ser editado por varias editoriales? Sí. En este caso suponemos que sí pero esta podría ser una restricción si hubiera exclusividad por parte de las editoriales y sus libros.

La relación Editorial – Libro será N a M. En el caso comentado de exclusividad y que un libro sólo pudiera estar editado por una editorial sería de 1 a N.


Dadas estas cardinalidades dibujaremos el diagrama con doble punta de flecha en todos los casos.

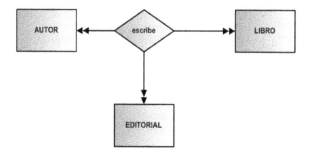

## Cardinalidades

Utilizando la notación que se ha visto hasta ahora es frecuente y en muchas ocasiones importante indicar las cardinalidades de una relación. Hasta ahora hemos visto que podemos, mediante una o dos puntas de flecha, mostrar el conjunto de entidades de un tipo que se relacionan con las de otro tipo. Si se nos indica el número exacto podremos incluirlo en el diseño.

También podremos mostrar el mínimo y máximo de elementos que se relacionan.

Si indicamos únicamente un número tendrá que ser exacto. Por ejemplo, si modelamos un juego de ajedrez tendremos la entidad tablero y la entidad escaque. Sabemos que un tablero tiene 64 escaques. Lo representaríamos del siguiente modo.

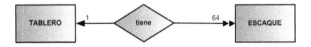

Si queremos mostrar mínimos y máximos lo haremos así (min..max). Por ejemplo, si el supuesto dice que una plantilla de jugadores de fútbol sala tiene que tener entre 8 y 14 jugadores lo indicaríamos así (8..14).

## Relaciones con atributos

En ciertas ocasiones necesitamos dar información a una de las relaciones, se trata de atributos que no pertenecen a una entidad en particular, son de dos o más entidades. Por ejemplo, si para la relación entre asignatura y alumno guardamos la fecha en la que se ha cursado dicha materia. Claramente, la fecha no pertenece al alumno ni tampoco a la asignatura, vendría enlaza con la relación.

Este tipo de atributos son muy utilizados en los llamados "Históricos", tablas o informes donde se almacenan ciertos acontecimientos unidos a una fecha.

Veamos otro ejemplo.

**Ejemplo: diseñar el diagrama para el siguiente supuesto.**

Supuesto: Un equipo quiere almacenar la información de sus jugadores. Se deberá guardar en qué temporada (año) jugaba cada uno de ellos.

Buscamos las **entidades**: Equipo, Jugador

**Atributos**: Temporada

**Relaciones**: Equipo – Jugador

Veamos la **cardinalidad**:

¿En un equipo juegan varios jugadores? Sí.

¿Los jugadores pueden jugar en varios equipos? No. Para este supuesto es un "No" porque estamos modelando la información para un único equipo. En otro caso, que se modelara para varios equipos diríamos que sí.

La relación es de 1 a N (si fueran varios equipos sería N a M).

Veamos el **diagrama**:

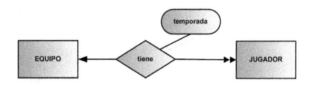

Como vemos, para cada par de valores Equipo – Jugador se guardará la información de la temporada. Si pudiésemos ver los datos tendríamos algo así:

Equipo – Jugador 1 (1999)

Equipo – Jugador 2 (2001)

Equipo – Jugador 3 (2002)

...

# Relaciones de herencia (ISA)

Se trata de aquellas relaciones en las que una entidad "heredera" especializa a su "padre". Se usan para mostrar entidades que contienen la misma información pero una de ellas tiene algún dato de más o distinto.

Se las llama también ES-UN (ISA en Inglés).

Un ejemplo podría ser la relación entre un empleado y un director. Ambos son empleados de la empresa pero el director tendrá ciertos atributos que el empleado no tiene, por ejemplo, un complemento salarial. Se representaría del siguiente modo.

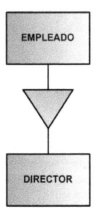

La entidad director tendrá los mismos atributos que empleado, ya que lo es por este tipo de relación.

## Otras notaciones

Hasta ahora se ha utilizado la notación de flechas (con punta simple o doble punta) para relaciones, atributos en óvalos y entidades en rectángulos.

Existen otras notaciones como la de Chen, Rumbaugh, ... pero todas tienen el mismo significado cambiando únicamente los signos que se utilizan.

# TRANSFORMACIÓN DEL ENTIDAD - RELACIÓN AL RELACIONAL

Una vez finalizado nuestro Modelo Entidad – Relación lo más probable es que tengamos que crear el Modelo Relacional.

Este modelo almacena la información en tablas, transformaremos nuestras entidades, atributos y relaciones en tablas con columnas. Es uno de los más utilizados cuando se diseñan Bases de Datos profesionales.

Existen unas normas muy sencillas para realizar esta transformación que se pueden hacer de forma mecánica. En ciertos casos particulares (basados en restricciones o en el contexto) habrá que valorar algún cambio añadido a los que veremos a continuación.

# Conceptos importantes del Modelo Relacional

Veamos algunos conceptos importantes para entender el modelo relacional:

- **Tabla**: se trata de la representación de una entidad o bien una relación entre entidades.

- **Columna o campo**: divisiones verticales en las tablas. Son los atributos de las entidades.

- **Registro o fila**: divisiones horizontales en las tablas. Son los datos que se almacenan.

- **Clave primaria (Primary Key/PK)**: se trata de la clave elegida para cada una de las tablas.

- **Clave ajena (Foreign Key/FK)**: se trata de una clave de una tabla que pasa a formar parte de otra tabla para formar una relación entre ellas.

# Transformación de las relaciones 1 a 1

Para hacer esta transformación haremos las siguientes transformaciones partiendo de nuestro modelo entidad-relación:

- Cada entidad pasa a ser una tabla con su clave principal y sus atributos.

- Se construye una nueva tabla para albergar la relación que contendrá las claves de las tablas anteriores y los atributos de la relación (si los tuviera).

- Caso particular: Cuando no existe en ninguno de los dos extremos de la relación cardinalidades mínimas 0, es decir, la relación es obligatoria, se crean únicamente dos tablas que tendrán sus claves principales y como claves ajenas las principal de la otra tabla.

Vamos a ver un ejemplo que aclarará el proceso:

**Ejemplo: a partir del supuesto, un equipo tendrá su**

**presidente, crear el diagrama entidad-relación y transformar a relacional.**

Primero realizamos el diagrama entidad-relación, que es muy sencillo en este caso.

Para transformarlo a tablas relacionales hemos dicho que de cada entidad tendremos una tabla con su clave, por tanto, realizaremos dos tablas, "Equipo" y "Presidente", cada una de ellas con un identificador o clave principal {IdEquipo,IdPresidente}. Esas claves serán probablemente datos numéricos que se van incrementando según se van introduciendo datos.

Para la relación crearemos una tabla "intermedia" que llamaremos "EquipoPresidente" y tendrá como clave principal la unión de las claves de las dos tablas que relaciona. Veamos el diagrama resultante:

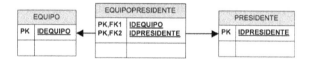

Así mismo, hemos dicho que si la relación es obligatoria, es decir, siempre para todo equipo habrá un presidente y un presidente dirigirá cada equipo, podemos hacer la transferencia de claves entre tablas. Es otro modo de realizar este modelo relacional, quedaría así:

Como se puede observar se realizan dos tablas con sus claves principales correspondientes y cada una de ellas adquiere la clave principal de la otra en forma de clave ajena (FK).

# Transformación de las relaciones 1 a N

Los pasos para realizar esta transformación son los siguientes:

- Cada entidad pasa a ser una tabla con sus clave y sus atributos (campos).

- La clave de la entidad del extremo de la relación con cardinalidad 1 pasa a ser clave ajena en la otra tabla.

- Si la relación tuviera atributos pasarían a formar parte de la tabla que surge de la entidad que participa con cardinalidad N.

- Caso particular: Si la entidad que participa con cardinalidad de 1 puede tener cardinalidad mínima de 0, se crearía una tabla con las claves de cada tabla y los atributos de la relación. La clave de esa nueva tabla será la de la entidad que participa con cardinalidad N y su clave ajena aquella de la otra entidad.

Como siempre, aclaramos con un ejemplo.

**Ejemplo: modelar un tablero de ajedrez mediante un diagrama entidad-relación y transformar a relacional**

El diagrama sería el siguiente:

Realizamos la transformación, como hemos dicho, la clave primaria del extremo de la relación con cardinalidad 1 pasaría a la tabla del otro extremo, por tanto, la clave "IdTablero" pasaría como clave foránea (FK) a la tabla "Escaque". El diagrama sería el siguiente:

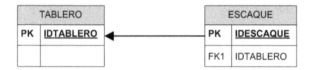

# Transformación de las relaciones N a M

La transformación en este caso es similar al 1 a 1. Haremos lo siguiente:

- Cada entidad pasa a ser una tabla con su clave y atributos

- Se construye una tabla correspondiente a la relación que tendrá las claves de ambas entidades y los atributos de la relación, si los tuviera.

A continuación un ejemplo:

**Ejemplo: Modelar la relación entre autores y libros suponiendo que un autor escribe muchos libros y un**

**libro puede ser escrito por varios autores.**

Claramente se trata de una relación N a M. El diagrama entidad-relación es el siguiente:

Formamos una tabla con su identificador o clave primaria por cada entidad y la tabla "intermedia" que albergará la relación.

# Transformación de otros tipos de relaciones

Como hemos visto, existen otros tipos de relaciones (n-arias, reflexivas y de tipo "es un") que también pueden ser transformadas al modelo relacional. A continuación veremos cómo hacerlo.

- Relaciones n-arias

    Para transformar este tipo de entidades estudiaremos las cardinalidades que hemos calculado al realizar el modelo entidad-relación.

    **Ejemplo: Se quiere modelar un sistema que albergará información sobre los cursos que se imparten en una escuela, se guardará información sobre los alumnos que asisten a los mismos y sobre las aulas en las que se cursan.**

    Como siempre, sin conocer mucho el contexto de la situación, podríamos decir que en un curso habrá varios alumnos y un alumno puede realizar varios cursos y todo ello puede ser impartido en varias aulas. Tendríamos por tanto una relación ternaria y en todos los extremos la cardinalidad sería N.

- o Un curso tiene varios alumnos y es impartido en varias aulas

- o Un alumno asiste a varios cursos en varias aulas

- o A un aula asisten varios alumnos y se imparten varios cursos

El diagrama Entidad – Relación sería el siguiente (en este caso hemos señalado sus atributos-clave).

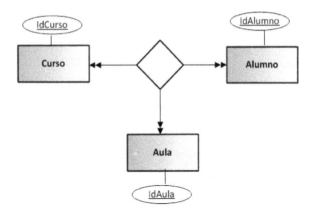

Por todo ello tendremos el siguiente modelo relacional, tendremos que crear un tabla intermedia que contenga como claves las tres de las tablas de la relación y como atributos aquellos de la relación, si los tuviera. En este caso no hay atributos de relación pero el "año" podría ser perfectamente un ejemplo.

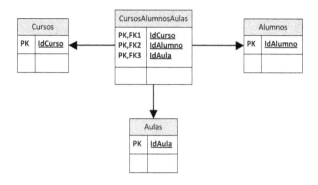

- Relaciones reflexivas

  Supondremos que se trata de una relación binaria con ambas entidades iguales, se aplican las reglas ya vistas.

- Relaciones ISA ("es – un")

  Se crea una tabla por cada entidad. Los "herederos" tendrán como clave ajena la del padre.

  Otra posibilidad es crear todo en una tabla y usar valores nulos (menos óptima cuando hay muchos atributos diferentes en la herencia).

Veamos un ejemplo.

**Ejemplo: Se quiere modelar un sistema que albergará información los empleados y los directores de una empresa, sabiendo que la única diferencia es que el director tendrá un "código de director". De los empleados se guardará el nombre y los apellidos.**

Empezamos por identificar las entidades, tendríamos dos, empleado y director. Tendríamos el siguiente escenario:

<u>Entidades y atributos (subrayamos la clave primaria elegida)</u>

Empleado {<u>IdEmpleado</u>, Nombre, Apellidos}

Director {<u>IdDirector</u>, CódigoDirector}

La <u>relación</u> entre ambas es claramente de tipo "es-un" puesto que un Director es un empleado, tiene todo lo que tiene un empleado y además se añade un código identificativo (CódigoDirector).

Tendríamos el siguiente diagrama Entidad – Relación

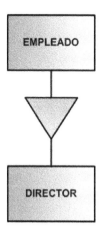

El paso a relacional, sería creando una tabla por cada uno con sus claves primarias y trasladaremos la clave de Empleado (IdEmpleado) a la tabla Director como clave ajena (FK). Vemos el diagrama.

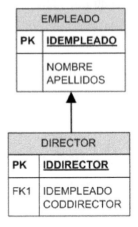

# CASO PRÁCTICO

**Realizar el diagrama entidad – relación para el siguiente supuesto. Una vez finalizado transformar al modelo relacional.**

Se quiere informatizar la gestión de una biblioteca donde se guardan una serie de publicaciones. Éstas, pueden ser libros y revistas.

De cada libro se guarda su ISBN, título, formato, número de páginas y su autor o autores (nombre, apellidos, nacionalidad).

Para las revistas se guarda el número, nombre y la fecha

de publicación.

Todo tipo de publicación tendrá un identificador único pero podrá tener una serie de ejemplares con su identificación. Además, interesa guardar el estante donde está localizado cada ejemplar.

Se tienen una serie de estanterías de las que se guarda un código y sus dimensiones (alto y ancho). Cada estantería tendrá una serie de estantes, cada uno de ellos tendrá un código numérico (el 1 será el de abajo, el 2 el siguiente por encima,...).

Dividiremos este ejercicio en cinco pasos para que se pueda entender todo el proceso.

## Primer paso: identificar las entidades y sus atributos

Si comenzamos a leer vemos las primeras entidades: **libros** y **revistas**. Biblioteca no sería una entidad porque será el sistema completo, se trata del "todo".

Efectivamente, podemos confirmar que tanto los libros como las revistas serán entidades viendo que van a tener atributos. También aparece la entidad **autor**.

Vemos que se habla de **publicaciones** que tendrán un identificador único, podría ser otra entidad. Después habla de ejemplares, en este caso, podemos ver que publicaciones será una entidad "abstracta" que tendrá **ejemplares**.

Al hablar de la localización se introducen dos nuevas entidades, las **estanterías** y sus **estantes**.

Vamos a organizar la información y a añadir sus atributos.

Libros {ISBN, título, formato, número de páginas, ~~autor~~}. *En este caso podríamos confundir "autor" con un atributo, si nos fijamos, tiene atributos y realmente se ve su relación "autor escribe libros"*

Revistas {número, nombre, fecha de publicación}

Autor {Nombre, Apellidos, Nacionalidad}

Publicación {Identificador de publicación}

Ejemplar {Identificador de ejemplar}

Estantería {Código, Alto, Ancho}

Estante {Código de estante}

Por tanto, hemos identificado siete entidades. Veamos ahora las claves entre sus atributos.

## Segundo paso: elegir las claves para cada entidad

Subrayamos las claves en cada caso:

Libros {ISBN, título, formato, número de páginas}. Claramente podemos identificar un libro por su ISBN.

Revistas {número, nombre, fecha de publicación}. En

este caso no vemos un identificador único que distinga a una revista de otras. Podemos añadir al listado el atributo IdRevista que sería un campo numérico incremental {1, 2, 3, ...}

Autor {Nombre, Apellidos, Nacionalidad}. Tampoco en este caso tenemos modo de identificar a los autores, añadimos un campo numérico incremental llamado IdAutor.

Publicación {Identificador de publicación}. Considerando que ese identificador es único nos valdría.

Ejemplar {Identificador de ejemplar}. Considerando que ese identificador es único nos valdría.

Estantería {Código, Alto, Ancho}. Nos vale el código si identifica a una estantería respecto a las demás.

Estante {Código de estante}. En este caso el código es simplemente la altura del estante, por tanto no identifica, necesitaremos añadir un atributo llamado IdEstante.

Por tanto, el conjunto de entidades y claves nos quedaría así:

Libros {ISBN, título, formato, número de páginas}.

Revistas {IdRevista, número, nombre, fecha de publicación}

Autor {IdAutor, Nombre, Apellidos, Nacionalidad}

Publicación {IdPublicación}

Ejemplar {IdEjemplar}

Estantería {Código, Alto, Ancho}

Estante {IdEstante, Código de estante}

**Tercer paso: encontrar las relaciones entre entidades y sus cardinalidades**

Busquemos ahora las relaciones entre entidades y la

cardinalidad.

Una publicación puede ser un libro :: claramente es de tipo "es-un" donde **publicación** es la entidad más general y **libro** la más especializada.

Una publicación puede ser una revista :: igual que el caso anterior, de tipo "es-un"

Los autores escriben libros :: Un autor puede escribir uno o varios libros; un libro puede ser escrito por uno o varios autores. Por tanto, la relación es N:M

Las publicaciones tienen ejemplares :: Una publicación puede tener uno o más ejemplares; un ejemplar pertenece a una única publicación. Por tanto 1:N

Las estanterías tienen estantes :: Una estantería puede tener uno o más estantes; un estante pertenece a un única estantería. Esta relación será 1:N

Los ejemplares se almacenan en estantes :: Un ejemplar se almacena en un único estante; en un estante puede haber uno o más ejemplares. Por tanto, N:1

## Cuarto paso: diseñar el diagrama entidad – relación

En este diagrama hemos plasmado las relaciones y entidades anteriores. Hemos obviado los atributos para mejorar la legibilidad del diagrama, aunque recordamos que se pueden mostrar como óvalos unidos a las entidades con el nombre del atributo, subrayando aquel que sea clave primaria.

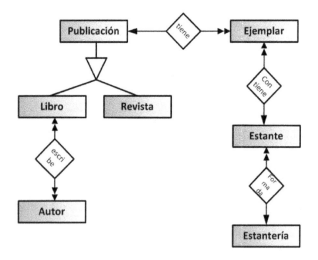

## Quinto paso: transformar al modelo relacional

Partimos de las relaciones encontradas para ver cómo actuar en cada caso.

Una publicación puede ser un libro (es-un) :: creamos una tabla para **Publicación** y otra para **Libro**. Se pasa la clave de Publicación a la tabla Libro como clave ajena (FK).

Una publicación puede ser una revista (es-un) :: creamos una tabla para Publicación y otra para Revista. Se pasa la clave de Publicación a la tabla Revista como clave ajena (FK).

Los autores escriben libros (N:M) :: creamos una tabla intermedia que llamaremos **AutorLibro** donde la clave sea la unión de las claves ajenas de las dos que relaciona.

Las publicaciones tienen ejemplares (1:N) :: Pasamos la clave de la tabla que participa con 1 a la tabla que participa con N. Por tanto, pasamos IdPublicación a la tabla **Ejemplar**.

Las estanterías tienen estantes (1:N) :: Pasamos la clave de la tabla que participa con 1 a la tabla que participa con N. Por tanto, pasamos IdEstantería a la tabla **Estante**.

Los ejemplares se almacenan en estantes (N:1) :: Pasamos la clave de la tabla que participa con 1 a la tabla que participa con N. Por tanto, pasamos IdEstante a la tabla **Ejemplar**.

Con estas transformaciones, tendríamos el siguiente modelo relacional.

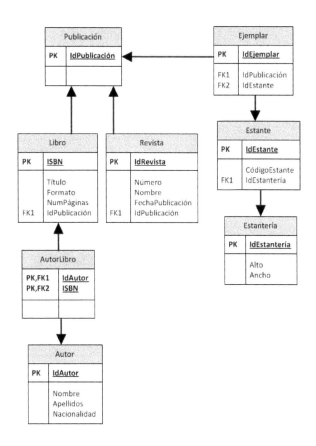

Muchas gracias por comprar este libro. Espero que te haya sido de gran utilidad y hayas aprendido un montón gracias a él.

Me ayudaría mucho si me dejas una valoración y una reseña en Amazon.